westermann

TEAM LUPE ERMITTELT

Müll-Alarm!

3

Erarbeitet von
Sigrid Gottwald, Oberasbach
Myriam Prahl, München

Texte verfassen

INHALT

Kapitel geschafft? Dann hake es in diesen Feldern ab.

Unser Fall: Müll-Alarm!

Heute macht TEAM LUPE bei einer Umwelt-Aktion mit. Im Park liegt so viel Müll herum! Leute vom Verein „Schützt die Natur“ verteilen Handschuhe, Zangen und Müllsäcke. Umut wirft Elsa und Paul Handschuhe zu. Die beiden fangen sie lachend auf. Dann geht es los.
Was da alles in ihrem Müllsack landet! Glasscherben, Dosen und Papier. Nach einer Stunde ist der Sack voll. Plötzlich ruft Paul: „Seht mal da, hinter den Büschen!“ Die Kinder starren auf einen alten Fernseher, einen Sessel und zwei Stapel Zeitschriften.
Lulu regt sich auf: „Ich glaub’s nicht! Sperrmüll gehört auf den Wertstoffhof.“ „Da forschen wir sofort nach“, sagt Elsa. „Super! Ein neuer Fall für TEAM LUPE!“

„Ein neuer Fall für TEAM LUPE!“
Finde die Hinweise und löse mit den Detektiven das Rätsel um den Müll im Park.

Ein Lapbook kennenlernen

1 Lies die Beschreibungen der **Lapbook-Vorlagen** durch. Welches Bild zeigt welche Vorlage? Schreibe die richtigen Zahlen zu den Vorlagen und zu den Texten.

Auf die hintere Seite schreibe ich Texte oder male Bilder. Wenn ich die vordere Scheibe drehe, werden nur wenige Informationen sichtbar.

3 Drehscheibe

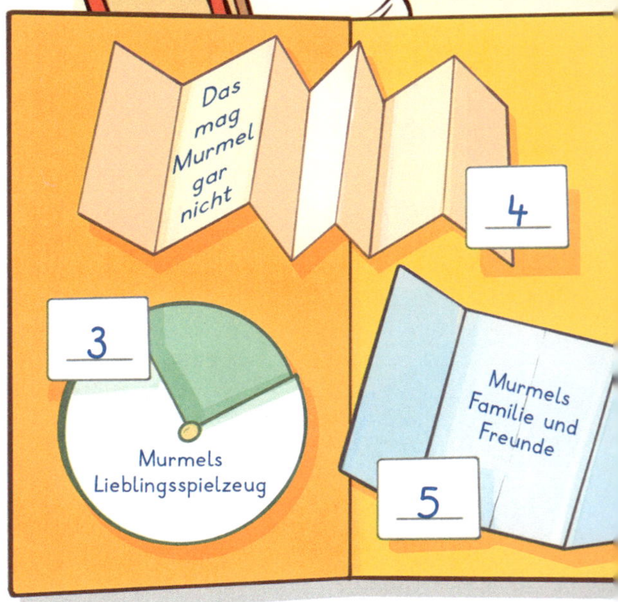

Durch Aufklappen der Seitenteile kann ich das Bild oder den Text in der Mitte entdecken.

____ ________________

Hier steht das Thema in der Mitte. Auf die ausklappbaren Blütenblätter schreibe ich Informationen dazu.

____ ________________

Dieses kleine Büchlein ist in Zickzack-Form gefaltet. So kann ich nach und nach darin alle Informationen auf den einzelnen Seiten lesen.

____ ________________

Auf einzelnen Papierstreifen sind verschiedene Informationen untergebracht. Die Streifen verbinde ich mit einer Klammer.

____ ________________

› informierenden Text kennenlernen und planen: Lapbook
› sprachliche Mittel und Ideen sammeln

Ein Lapbook kennenlernen

In dieser Vorlage hefte ich verschieden große Papiere übereinander. Auf dem obersten kleinen Blatt steht das Thema. Durch Blättern kann ich die anderen Seiten entdecken.

___ ______________________________

In dieser runden Vorlage kann ich zum Beispiel gut ein Bild verstecken.

___ ______________________________

4 Leporello · 6 Fächer · 2 Klappblume · 3 ~~Drehscheibe~~

7 Memo-Flip · 5 Fensterladen · 1 Kreistasche

ACHTUNG ACHTUNG ACHTUNG

Merkmale von Lapbooks

Wenn ich ein Lapbook zu einem Thema anlegen möchte,

- sammle ich Ideen und interessante Informationen und notiere Stichwörter oder Texte dazu.
- wähle ich Vorlagen aus und übertrage meine Texte.
- klebe ich die Vorlagen ein und gestalte alles sorgfältig.

Die Vorlagen eines Lapbooks kennenlernen

1 Elsa gestaltet ein Lapbook. Beschrifte ihre Vorlagen mit passenden Überschriften.

› informierenden Text kennenlernen und planen: Lapbook
› verständlich, strukturiert und adressatengerecht schreiben

Ein Lapbook über dich planen

1 Sammle Ideen für dein eigenes „Das bin ich“-Lapbook.

1. Mein Aussehen: Größe, Augenfarbe, Haarfarbe, Besonderheiten:

2. Das kann ich besonders gut:

3. Das würde ich gerne lernen:

4. Diese Menschen und Tiere gehören zu meiner Familie:

5. Das mag ich gern:

6. Das mag ich nicht so gern:

2 Hier kannst du noch etwas Eigenes ergänzen.

7. ______________________________

Ein Lapbook über dich gestalten

1 Suche dir 3 Themen von Seite 7 aus und gestalte dazu die abgebildeten Vorlagen für dein Lapbook.

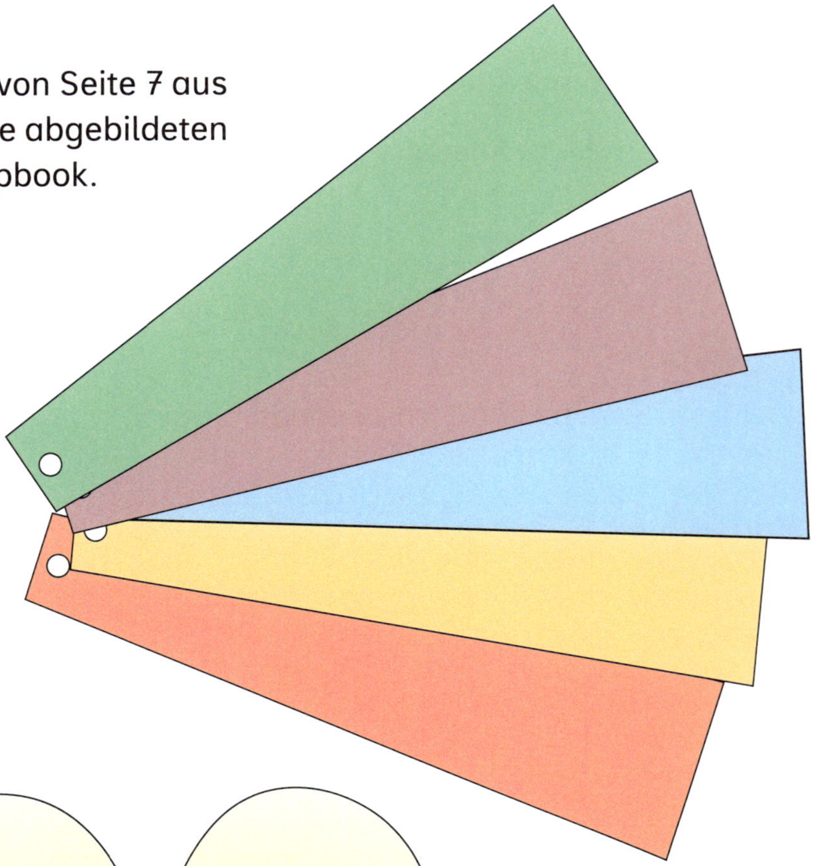

› informierenden Text verfassen: Lapbook
› verständlich, strukturiert und adressatengerecht schreiben
› Texte übersichtlich und zweckmäßig gestalten

Ein Lapbook über dich gestalten

2 Gestalte zu einem weiteren Thema ein kleines Leporello und klebe es hier auf.

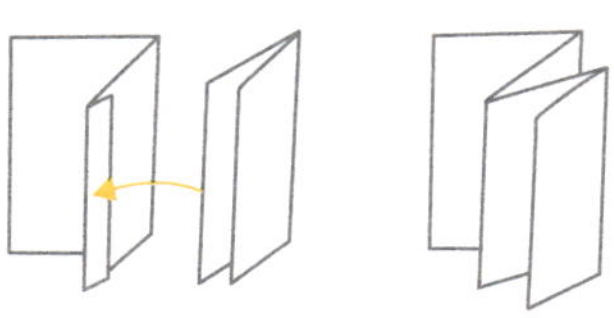

Tipp: Noch mehr tolle Vorlagen zur Gestaltung eines Lapbooks findest du auf: www.team-lupe-ermittelt.de

Ein Lapbook überarbeiten

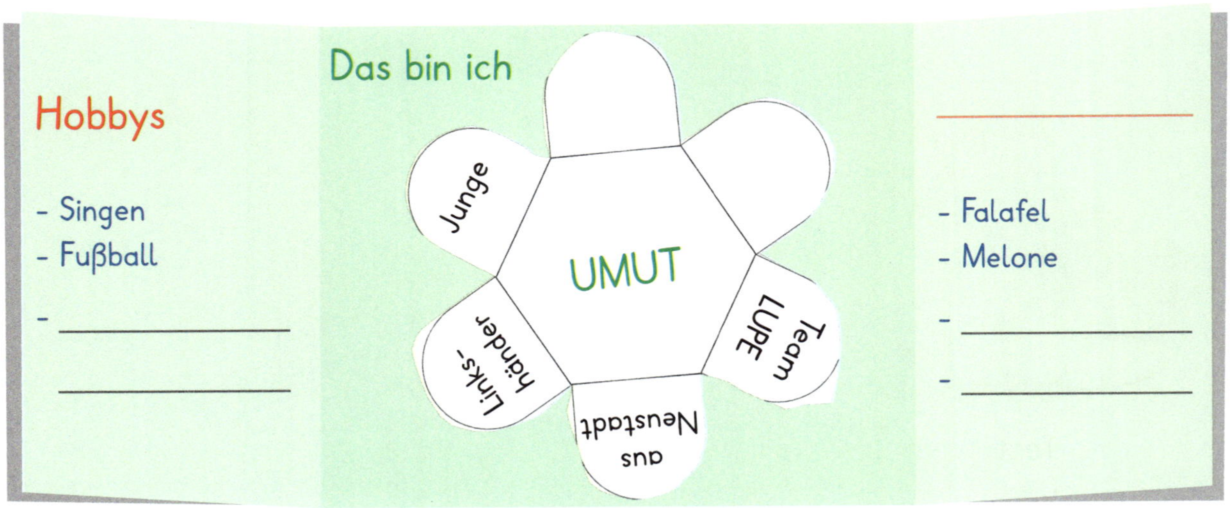

1 Umut hat ein Lapbook über sich gestaltet.
Was stimmt? Kreuze an.

Umut hat gute Ideen gehabt.	☐	☐
Er hat die Vorlagen passend ausgewählt.	☐	☐
Umut hat sein Lapbook schön gestaltet.	☐	☐
Er hat sorgfältig gearbeitet.	☐	☐
Umut hat Rechtschreibfehler vermieden.	☐	☐

2 Welchen Tipp würdest du Umut zu seinem Lapbook geben?

____

____

3 Ergänze Umuts Lapbook.

Ich bin 9 Jahre alt und habe 2 Brüder.
Mit meinen Brüdern spiele ich gern
Videospiele. Am allerliebsten esse ich
Spaghetti und Milchreis.

Detektivwissen überprüfen

1 Teste dein Detektivwissen über das **Lapbook** und kreuze an.

	richtig	falsch
In ein Lapbook schreibe ich Wörter und Texte zu einem Thema.	☐	☐
Es ist egal, ob die Wörter richtig oder falsch geschrieben sind.	☐	☐
Ein Lapbook wird gefaltet, sodass man es aufklappen kann.	☐	☐
In meinem Lapbook schreibe ich besonders sorgfältig und vermeide Fehler.	☐	☐
Ich benutze verschiedene Vorlagen, damit mein Lapbook abwechslungsreich ist.	☐	☐
Bilder und Fotos müssen bunt sein, aber nicht zum Thema passen.	☐	☐

2 Überlege, zu welchen Themen du ein Lapbook gestalten möchtest.

› eigenen Lernstand einschätzen
› Lernergebnisse präsentieren

Spurensicherung: Der 1. Hinweis!

Die Kinder blicken wütend auf den Müll im Park.
„Lasst uns nach Spuren suchen", schlägt Umut vor.
Am Stoff des Sessels hängen ein paar schwarze Haare.
Stammen sie von einem Hund oder von einer Katze?
Elsa steckt ein Haar als Beweis in eine kleine Plastiktüte.
Paul blättert die Zeitschriften durch.
Es sind Heimwerker-Hefte. In einem steckt
eine Rechnung vom Baumarkt als Lesezeichen.
Paul kombiniert: „Da werkelt gerade jemand bei sich
zu Hause. Vielleicht ist das die Person, die wir suchen."
Lulu sagt aufgeregt: „Hier ist ein Aufkleber. Die Zeitschrift
wurde an eine Frau Sachs versendet. Da steht auch
eine Adresse." Umut ruft: „Hey, Leute!
Die Straße ist bei uns um die Ecke."

? Nach welcher Blume ist die Straße benannt? Ihre Blüte ist noch geschlossen, sie hat einen gebogenen Stiel und drei Blätter.

☐ Rose

1a 

☐ Tulpe

1b 

Einen Comic kennenlernen

1 Betrachte den Comic genau.

2 Welche Merkmale findest du in dem Comic? Beschrifte.

Tipp: Manches kommt mehrfach vor!

(1) Gesichtsausdruck (2) Soundwörter (3) Speedlines

(4) Denkblasen (5) Sprechblasen (6) Erzählkasten

ACHTUNG ACHTUNG ACHTUNG

Merkmale von Comics

- Ein Comic erzählt in mehreren Bildern eine Geschichte.
- In Erzählkästen stehen zusätzliche Informationen.
- In Sprech- und Denkblasen steht, was die Figuren denken und sprechen.
- Der Gesichtsausdruck drückt aus, was die Figur fühlt.
- Linien deuten Bewegungen an (Speedlines).
- Wörter geben Geräusche wieder (Soundwörter).

Einen Comic kennenlernen

1 Lies den Comic.

2 Was könnten die Personen sagen? Schreibe auf.

Entschuldigung, ______________________

____

Elsa fragt die Museumswärterin.

Die Wärterin antwortet ihr.

____

____

3 Was könnten die Personen denken? Schreibe auf.

____

____

Umut überlegt.

____

____

Ein älterer Herr steht neben ihm.

4 Was passiert? Überlege dir Soundwörter und schreibe sie auf.

______________ ______________ ______________

› Textsorten kennen und verstehen: Comic
› Texte nach Anregung schreiben

Einen Comic kennenlernen

5 Welche Informationen kannst du den Gesichtsausdrücken, Soundwörtern und Speedlines entnehmen? Schreibe auf.

Elsa ist verliebt.

Der Junge schläft.

Das Mädchen überlegt.

Der Junge hällt die Nase zu wegen der Hundekacke.

Der Hund springt.

Das Mädchen weiß garnicht, wo sie hin Läuft. ✓

Laura am 01.03.23

Wörtliche Rede verwenden

1 Suche 10 Wörter zum Wortfeld **sprechen**. Kreise sie ein.

S	A	G	E	N	W	E	N	R	I	L	K	U	N	E	M	I	R	B	A
T	U	F	O	B	F	L	Ü	S	T	E	R	N	E	R	U	D	O	L	U
Ö	L	R	T	I	E	M	S	E	L	C	H	M	K	B	R	U	F	E	N
H	G	A	N	T	W	O	R	T	E	N	S	I	A	R	M	E	L	O	S
N	F	G	E	T	H	S	L	E	D	A	M	E	Z	C	E	J	U	L	I
E	L	E	R	E	Ü	B	E	R	L	E	G	E	N	H	L	F	R	E	M
N	A	N	Z	N	P	I	N	S	E	M	E	I	N	E	N	T	A	U	G

2 Lies die Sprechblasen. Überlege, wie die Kinder sprechen.
Schreibe passende Verben aus dem Wortfeld sprechen auf.

rufen

____

____

____

ACHTUNG ACHTUNG ACHTUNG

Das haben wir herausgefunden!

Merkmale der wörtlichen Rede

Ein **Begleitsatz** zeigt an, dass wörtliche Rede folgt.
Er drückt aus, **wer** spricht und **wie** er es tut.

Ein **Begleitsatz** endet mit einem **Doppelpunkt**. Die wörtliche Rede beginnt mit **Anführungszeichen unten** und endet mit **Anführungszeichen oben**.

Der Lehrer sagt: „In der Sport-AG spielen wir mit verschiedenen Bällen."

Eine Geschichte mit wörtlicher Rede schreiben

1 Betrachte den Comic genau. Überlege, wie die Personen sprechen. Schreibe zu jedem Bild mindestens ein Wort aus dem Wortfeld **sprechen** auf.

__________ __________ __________

2 Ergänze die Geschichte zu dem Comic.

Umut möchte im Wald gerne Beeren sammeln. Er schlägt Lulu vor: „____."
Lulu ist einverstanden und meint: „____." An einer Kreuzung wissen sie nicht mehr, wie es weitergeht. Umut ruft: „____!" Lulu aber meint: „____!"
Sie haben sich verlaufen. Lulu weint und fragt: „____?" Da kommt der Förster mit seinem Hund.
Umut ruft erleichtert: „____!"

3 Schreibe einen passenden Schluss und verwende die wörtliche Rede.

Denke an die Zeichen der wörtlichen Rede!

____

____

____

Einen Schluss zu einem Comic erfinden

1 Schau den Comic an. Überlege, was passiert.
Schreibe je 3 wichtige Stichwörter unter jedes Bild.

Papagei
entflogen
allein

2 Gestalte ein passendes Ende zum Comic.
Nutze auch Speedlines und Soundwörter.

› Sprachliche Mittel und Ideen sammeln
› Text in Bezug auf die äußere Gestaltung hin optimieren

Eine Geschichte mit wörtlicher Rede schreiben

3 Schreibe eine Geschichte zum Comic.
Benutze auch die wörtliche Rede.

Tipp: Denke an die Satzzeichen der wörtlichen Rede!

› Texte nach Anregung schreiben
› Schreibabsicht, Schreibsituation, Adressaten und Verwertungszusammenhang klären

Detektivwissen überprüfen

1 Teste dein Detektivwissen über den **Comic** und kreuze an.

	richtig	falsch
Eine Geschichte, die aus mehreren Bildern besteht, nennt man Comic.	☐	☐
Linien in Comics geben Geräusche wieder.	☐	☐
In einem Comic erkennt man in den Gesichtern der Figuren, was sie fühlen.	☐	☐
In den Denkblasen steht, was eine Person sagt.	☐	☐
Ein Begleitsatz drückt aus, wer gerade spricht und wie er es tut.	☐	☐

2 Welche Comics kennst du schon?

____

____

3 Zu welchem Thema würdest du gern mal einen Comic lesen?

____

____

› eigenen Lernstand einschätzen
› Lernergebnisse präsentieren

Spurensicherung: Der 2. Hinweis!

Umut steckt die Zeitschrift mit der Adresse in seinen Rucksack.
Die Kinder geben ihren Müllsack, die Handschuhe und Zangen ab.
Dann sprinten sie zu ihren Rädern und düsen los.
In der Tulpenstraße 5 klingeln die Detektive bei Frau Sachs.
Umut zeigt ihr die Zeitschrift und sagt: „Davon haben wir zwei Stapel im Park gefunden.“ „Ich sehe leider nicht mehr so gut“, sagt Frau Sachs. „Kommt doch kurz rein ins Wohnzimmer. Ich hole meine Brille.“
TEAM LUPE betritt das Wohnzimmer.
Plötzlich fällt eine Vase um und alle erschrecken.
Nur Umut grinst. Er weiß, wer die Vase umgeworfen hat.

? Verbinde die Zahlen von 1 bis 20.
Was siehst du?

☐ eine Katze

2a

☐ einen Hund

2b

Eine Beschreibung über ein Tier lesen und verstehen

1 Umuts Bruder Miran beschreibt den Fisch, den er sich wünscht. Lies.

2 Male den Fisch nach Mirans Beschreibung an.

3 Beschrifte den Fisch mit den Fachbegriffen aus Mirans Beschreibung.

ACHTUNG ACHTUNG ACHTUNG

Merkmale von Beschreibungen

- Beschreibe etwas so, dass andere es sich gut vorstellen können.
- Beschreibe es so, wie es wirklich aussieht, und nicht, wie du es findest.
- Beschreibe es so genau wie möglich und achte auf die Reihenfolge.
- Beschreibe in vollständigen Sätzen.

Eine Beschreibung über ein Tier überarbeiten

1 Lies Mirans Beschreibung genau.

Mein Paletten-Doktorfisch

Mein niedlicher Fisch Mary hat einen wunderschönen dunkelblauen Körper mit interessanten schwarzen Flecken. Mary schwimmt mit ihren großen schwarzen Augen in meinem tollen Aquarium herum und kann im Dunklen gut sehen. Ihre Stirn fällt steil ab und ihre Schwanzflosse ist herrlich gelb. Strahlend blau ist ihre Rückenflosse und Bauchflosse. Fische wie meine süße Mary werden 15–30 cm groß und wohnen normalerweise im indischen Pazifik. Ich finde Mary toll!

2 Womit wird das Aussehen des Fisches beschrieben? Unterstreiche diese Satzteile im Text oben blau.

3 An welchen Wörtern merkst du, wie sehr Miran sein Fisch gefällt? Unterstreiche diese Wörter und Satzteile rot.

4 Schreibe Mirans Beschreibung so auf, dass man nicht mehr erkennen kann, wie sehr ihm sein Fisch gefällt.

Mein Fisch Mary hat

› Text an der Schreibaufgabe überprüfen
› Texte in Bezug auf die äußere und sprachliche Gestaltung hin überprüfen

Sachinformationen über ein Tier prüfen

1 Elsa und Paul haben Informationen über Landschildkröten zusammengetragen. Welche Informationen passen **nicht** in eine Tierbeschreibung? Streiche unpassende Zettel durch.

- Schildkröten sind Vegetarier. Sie mögen Gras, Klee, Heu, Löwenzahn und Salat. ◯
- Landschildkröten gehören zu den Reptilien. ◯
- Sie halten Winterruhe. ◯
- ~~Schildkröten sind so süß.~~ ◯
- Sie legen Eier. ◯
- Eine große Gefahr für junge Schildkröten sind Marder, Krähen und Ratten. ◯
- Ihr Panzer besteht aus Horn. ◯
- In meiner Lieblingsserie verwandelt sich der Held in eine Schildkröte. ◯
- Ich habe schon einmal eine Schildkröte in der Hand gehalten. ◯
- Landschildkröten leben in Wüsten, Steppen und Savannen. ◯
- Wir spielen gerne mit Landschildkröten in der Wohnung. ◯
- Landschildkröten können über 100 Jahre alt werden. ◯

2 Finde im Lexikon oder Internet eine weitere interessante Information über Landschildkröten.

____

____

› sinnentnehmend lesen und Informationen überprüfen

Eine Beschreibung über ein Tier schreiben

So fertigst du eine Beschreibung in der richtigen Reihenfolge an:

- Betrachte genau, was du beschreiben willst.
- Eine Stichwortsammlung hilft dir dabei. Schreibe deine Stichwörter auf und sortiere sie in Kategorien.
- Diese Kategorien können für eine Beschreibung zu einem Tier sinnvoll sein:

  1. Tierart 2. Lebensraum 3. Aussehen
  4. Nahrung 5. Besonderheiten

3 Welche Zettel von Aufgabe 1 gehören zu welcher Kategorie? Male die Zettel auf der linken Seite in der richtigen Farbe aus.

4 Nummeriere die angemalten Zettel und bringe sie in eine passende Reihenfolge. Beachte dabei die Hinweise im Kasten oben.

5 Beschreibe eine Landschildkröte. Schreibe in ganzen Sätzen.

Eine Beschreibung über ein Fantasiewesen planen

1 Elsa hat Stichwörter zu ihrem Lieblingsmonster notiert.
Sortiere ihre Stichwörter und schreibe sie zu den passenden Verben.

-~~ein Fantasiewesen~~	-Bananen
-flauschiges Fell	-meistens fröhlich
-in meinem Zimmer	-blaue Punkte
-laut rülpsen	-Popcorn
-große Augen	-gut hören
-unter meinem Bett	-Tofu-Wurst
-nicht gefährlich	-leise schnarchen

ist: ein Fantasiewesen ______________

lebt: ______________

kann: ______________

hat: ______________

isst: ______________

2 Beschreibe das Aussehen und die Fähigkeiten von Elsas Monster. Schreibe in ganzen Sätzen.

____

____

____

____

____

→ Tipp: Denke dir auch ein lustiges Monster aus und verfasse eine Beschreibung.

› sinnentnehmend lesen und Informationen überprüfen
› einen informierenden Text verfassen: Beschreibung

Eine Beschreibung über eine Figur schreiben

1 Lies die Informationen über Lulus Superheldin.

- eine Superheldin
- meist allein unterwegs
- Größe: 200 cm
- Gewicht: 90 kg
- schleicht sich an die Feinde heran
- macht gerne Mittagsschlaf
- lebt in Europa
- rote Haare und viele Sommersprossen
- hilft Kindern und Tieren in Not
- isst viel Obst und Gemüse
- hoch und weit springen
- eine gute Schwimmerin

2 Schreibe einen Sachtext über Lulus Superheldin.
Achte auf eine sinnvolle Reihenfolge deiner Sätze.

Eine Beschreibung überarbeiten

1 Lies die Beschreibung über das Schneeglöckchen. Unterstreiche in den Sätzen ungenaue Angaben lila und unwichtige Angaben orange.

Das Schneeglöckchen ist eine Blume. Sie sieht schön aus. Aus dem, was in der Erde steckt, wachsen zwei Blätter. Schon im Winter, wenn noch Schnee liegt, kann man es blühen sehen. Es blüht bis in den Frühling.
Das Schneeglöckchen wird bis zu 20 cm hoch und hat eine helle Blüte. Meiner Mama gefallen Schneeglöckchen. Die Blüte hat eine besondere Form und hängt nach unten. Die Pflanze ist giftig. In der Schule hängt ein Bild vom Schneeglöckchen an der Wand.

2 Schreibe einen verbesserten Sachtext auf. Ersetze die ungenauen Wörter aus dem Text mit den Stichwörtern auf den Zetteln. Lass Unwichtiges weg.

weiße

ab Februar

die Zwiebel

bis in den April

die Form einer Glocke

~~Narzissengewächs~~

Das Schneeglöckchen ist ein Narzissengewächs.

› sinnentnehmend lesen und Informationen überprüfen
› einen informierenden Text verfassen: Beschreibung

Detektivwissen überprüfen

1 Teste dein Detektivwissen über eine **Beschreibung** und kreuze an.

	richtig	falsch
Eine Beschreibung muss so genau wie möglich sein, damit man sich das Beschriebene gut vorstellen kann.	☐	☐
Die Reihenfolge in einer Beschreibung ist nicht wichtig.	☐	☐
Eine Beschreibung wird in ganzen Sätzen formuliert.	☐	☐
Meine eigene Meinung passt immer in eine Beschreibung mit hinein.	☐	☐
In einer Beschreibung benutze ich, wenn möglich, Fachbegriffe.	☐	☐
Eine Stichwortsammlung kann mir bei der Planung meiner Beschreibung helfen.	☐	☐

2 Wen oder was kannst du gut beschreiben? Du kannst dir dafür Fotos oder Bilder ansehen.

____

____

Spurensicherung: Der 3. Hinweis!

TEAM LUPE ist immer noch bei Frau Sachs. Wie der Wind huscht Katze Mimi davon. Sie hat die Vase umgeworfen. Paul fallen die schwarzen Haare auf dem Sessel ein. Er fischt ein Katzenhaar vom Sofa und steckt es in ein Taschentuch. Frau Sachs kommt mit ihrer Brille zurück. Verwundert betrachtet sie die Zeitschrift und sagt: „Wie kommt die denn in den Park?“
Frau Sachs erzählt, dass sie neulich ihren Keller aufgeräumt hat. Dabei hat sie einige alte Zeitschriften gefunden. Frau Sachs blinzelt: „Ich habe sie dem netten Mann vom Haus nebenan geschenkt. Der baut gerade seinen Dachboden aus. Wie heißt er noch gleich? Ach, ich werde immer vergesslicher.“

? Wie heißt der Mann? Die Geheimschrift verrät es dir.
Ein Tipp: b → a, c → b, d → c usw.

☐ Finkenwald

3a Finkenwald p

☐ Fichtenwald

3b Fichtenwald s

Argumentieren: Pro und Kontra

1 Welche Argumente sprechen für einen Unterrichtsbeginn ab 9 Uhr? Welche sprechen dagegen? Kreise die Karten mit den Pro-Stichwörtern grün und die mit den Kontra-Stichwörtern rot ein.

Unterricht ab 9 Uhr

- schlechte Laune, wenn ich früh aufstehe
- nicht mehr müde in die Schule gehen
- Eltern gehen früher zur Arbeit
- länger Unterricht als sonst
- erst am Nachmittag zu Hause
- wenig Zeit für Freunde und Hobbys
- ausschlafen können
- sich im Unterricht besser konzentrieren können

2 Was denkst du über das Thema **Unterricht ab 9 Uhr**? Ergänze die Sätze.

Ich finde, dass ______________________________

____

Ein Argument dafür ist, ______________________________

____

Für mich spricht dagegen, dass ______________________________

____

ACHTUNG ACHTUNG ACHTUNG

Argumente formulieren

- Argumente werden in **pro** (dafür) und **kontra** (dagegen) unterschieden.
- Mit Argumenten kannst du deine Meinung begründen, um jemanden zu überzeugen.
- Sie sollten Tatsachen beschreiben und nachvollziehbar sein.
- Deine Gedanken und Gefühle solltest du begründen.

Argumente finden und jemanden überzeugen

1 Lulu wünscht sich ein eigenes Tablet.
Ihr Vater ist dagegen. Lies seine Argumente.

2 Mit welchen Argumenten könnte Lulu ihren Vater überzeugen?
Hilf Lulu und schreibe eine Pro-Liste.

Pro: Ein eigenes Tablet besitzen

-
-
-
-

3 Gibt es für dich auch Argumente, die gegen ein eigenes Tablet sprechen? Schreibe sie auf.

____

____

4 Notiere nun deine eigene Meinung zum Thema.

Ich finde ein eigenes Tablet ________________, weil ____________

____

____

DER KRIMI IM HEFT

SO GEHT ES: TEIL 1

1 Der Krimi beginnt mit dieser Seite:

Unser Fall

Hier erfährst du, was passiert ist.

Ein neuer Fall für TEAM LUPE

Bevor es mit dem Fall weitergeht, kommt erst mal ein Übungskapitel.

2 Weiter geht es mit der

Spurensicherung

Du ermittelst gemeinsam mit TEAM LUPE.
Löse das Rätsel und finde den Hinweis.
Jetzt weißt du, welcher Sticker in die Fallakte gehört.

Klebe den richtigen Hinweis-Sticker vom Stickerbogen in die Fallakte.

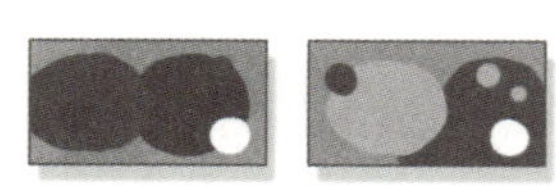

Bist du unsicher, welches der richtige Sticker ist? Du findest die Lösung auch immer versteckt auf der Seite.

Übe nun weiter.

2-mal blättern, dann geht es weiter.

Illustrationen: Michael Stapper

Meine Hinweis-Sticker für den Fall

1a

1b

2a

2b

3a

3b

4a

4b

5a

5b

6a

6b

Illustrationen: Antje Hagemann